Portrait véloué

Conserver la Couverture

DELAUNAY

Im 27
34046

Ouvrages du même auteur :

PUBLICATIONS
SUR LA COMÉDIE-FRANÇAISE

Regnier, sociétaire. 1 vol. in-18, avec portrait à l'eau-forte. — 1872.

Madame Arnould-Plessy. Brochure in-18. — 1876.

Bressant, sociétaire. 1 vol. in-18, avec portrait à l'eau-forte. — 1877.

La Comédie Française (1680-1878), monographie dans la collection des *Foyers et Coulisses*. 2 vol. in-16, avec photographies.

Léon Guillard, archiviste de la Comédie-Française. 1 vol. in-18, avec portrait à l'eau-forte. — 1878.

Journal intime de la Comédie-Française (1852-1871). 1 fort vol. in-18. — 1879.

La Comédie-Française (en 1879). 1 vol. grand in-folio, avec 24 portraits en photogravure. Préface par Ed. Thierry. — 1879.

La Comédie-Française a Londres (1871-1879), contenant l'historique des voyages de la Comédie-Française en 1868, 1871 et 1879, par Georges d'Heylli ; le Journal inédit de Got (voyage de 1871) et le Journal de Sarcey (voyage de 1879) 1 vol. in-18. — 1880.

Verteuil, secrétaire général de la Comédie-Française. 1 vol. in-18, avec portrait à l'eau-forte. — 1882.

Rachel d'après sa Correspondance, 1 vol. in-8, avec 4 portraits à l'eau-forte. — 1882.

Brindeau, sociétaire, 1 vol. in-18, avec portrait à l'eau-forte. — 1882.

IMPRIMERIE GÉNÉRALE DE CHATILLON-S-SEINE — A. PICHAT.

GEORGES D'HEYLLI

DELAUNAY

SOCIÉTAIRE
DE LA COMÉDIE-FRANÇAISE

Portrait à l'eau-forte par Ad. Lalauze
& fac-simile.

PARIS
TRESSE, ÉDITEUR
8, 9, 10, 11, GALERIE DU THÉATRE-FRANÇAIS
Palais-Royal.

1883
Tous droits réservés.

AVERTISSEMENT

5 Mai 1883.

La présente biographie de Delaunay était imprimée lorsque cet éminent artiste, cédant aux sollicitations de ses camarades, de ses amis, à celles du public lui-même, a cru devoir reprendre la démission qu'il avait donnée et conserver, pour un temps encore indéterminé, sa situation et son emploi à la Comédie-Française. Nous avions craint de perdre Valentin et Fortunio, Cœlio et Perdican, réjouissons-nous donc de voir demeurer encore sur la brèche Perdican et Cœlio, Fortunio et Valentin!

Malgré cette détermination de Delaunay, nous croyons devoir publier cette brochure, bien qu'elle n'ait été écrite qu'en vue de son départ définitif. Nous n'aurions d'ailleurs que peu de chose à y changer, pour en faire une simple notice biographique comme celles qu'on publie journellement sur des artistes encore en exercice. Nous nous bornons à maintenir, après comme avant la résolution de Delaunay, les réserves que nous faisons plus loin à propos de sa retraite. Nous croyons que le public seul et le théâtre profiteront de la prolongation du séjour de cet artiste si distingué sur notre première scène; quant à lui, parvenu à l'apogée de sa gloire et de son talent, il nous semble qu'il ne peut plus rien y ajouter.

En remerciement du sacrifice de sa liberté que Delaunay vient de faire à la Comédie-Française, le gouvernement lui a décerné la croix de la Légion d'Honneur pour prix de ses trente-cinq années de services à la rue de Richelieu, dont trente-trois de sociétariat. Cette nomination, qui a été partout sympathiquement accueillie, est la première qui soit octroyée à un comédien en activité, comme récompense de son talent. En effet, les comédiens décorés antérieurement l'ont été, soit pour des faits spéciaux étrangers au théâtre, soit comme professeurs au Conservatoire. C'est à ce dernier titre, notamment, que MM. Duprez, Samson, Levasseur, Régnier, Obin, Mocker, Got et Faure ont reçu la croix. Cette fois, le décret du 4 mai 1883, qui nomme Delaunay, vise, en le décorant, sa qualité de « sociétaire de la Comédie-Française » avant toutes les autres [1]. *On*

---

1. *Voici l'article essentiel du décret qui nomme M. Delaunay chevalier de la Légion d'honneur :*
   « M. Delaunay (Louis-Arsène) sociétaire de la Co-

n'avait fait qu'entr'ouvrir, jusqu'à présent, la porte de la Légion d'honneur aux comédiens; on la leur ouvre toute grande aujourd'hui. Tant qu'on n'y fera passer que des artistes de la valeur et de l'honorabilité de Delaunay nous ne pourrons qu'applaudir, et nous sommes persuadés que, pour l'honneur et la considération de l'Ordre, on n'y fera jamais passer que ceux-là!...

médie-Française, professeur au Conservatoire de musique et de déclamation, vice-président de l'association des artistes dramatiques (trente-six ans de services) est nommé chevalier de l'ordre national de la Légion d'honneur. »

Versailles
23 rue des Missionnaires
13 avril 83

Mon cher Monsieur d'Hegli

Si je pars ? ———————— oui
quand ? ——— avant le 15 mai
et pour la représentation } le jour n'est pas encore
à bénéfice ? } fixé.

quant à ce qu'on écrit
partout — et que je n'ai pas lu,
il n'y a jamais eu rien de vrai
dans tous ces potins.

J'ai donné ma démission
le 31 Mars 1882 je l'ai renouvelée
fin Septembre
on a obtenu un mois en plus
le mois d'avril à cause du grand
succès des Effrontés — Voilà tout

Pour l'Odéon je
vais rechercher dans mes papiers
mais il faut me pardonner

Si je vous fais un peu attendre
je suis terriblement occupé
puisque je dois remettre
douze rôles avant mon départ
sans compter les représentations
des Effrontés — ce qui me
contraint à jouer six jours
par semaine

À vous.

Delaunay

DELAUNAY

C'est par pure coquetterie que Delaunay quitte la Comédie-Française, et qu'il abandonne à jamais le théâtre. Le charmant jeune premier, qui est encore à cinquante-sept ans le plus adorable et surtout le plus jeune de tous les jeunes premiers, ne veut pas vieillir à la scène. Il désire ne nous laisser que le souvenir de son immuable, de son éternelle jeunesse et n'emporter avec lui dans la retraite que de justes regrets. Il sait très bien qu'en persistant trop longtemps et au delà de l'époque voulue, l'acteur vieillit parfois sans s'en apercevoir, alors que, hélas! le public s'en aperçoit trop lui-même, et que les heures de défaillances sont inévitables.

Combien d'artistes, même parmi les plus grands, n'ont pas eu cette raison et cette sagesse et ont compromis dans les dernières années d'une existence théâtrale trop prolongée, et souvent sur des scènes indignes, d'eux la réputation qu'ils avaient acquise autrefois, ne montrant plus aux générations nouvelles que les restes d'un talent depuis longtemps effacé, et même disparu ! Voilà pourquoi nous ne sommes pas d'accord avec notre excellent ami Sarcey qui voudrait voir Delaunay renoncer à la retraite et qui lui exprime, dans un de ses derniers feuilletons, tous les regrets qu'il éprouve de le voir partir [1]. Mais chaque soir, en ce moment, dans ces belles et dernières représentations où Delaunay passe en revue les meilleurs rôles de son répertoire, il doit trouver dans l'accueil que lui fait le public en quelque sorte l'approbation même de la décision qu'il a prise. Nous avons suivi avec soin ces représentations suprêmes, et cent fois, autour de nous nous avons entendu nos voisins de stalle s'écrier : « Mon Dieu, qu'il est jeune ! qu'il est encore jeune ! qu'il est toujours jeune !.. » Eh oui, c'est le cri général ! Il semble à ce bon et sympathique public que ce charmeur peut le charmer toujours ; mais Delaunay, nous ne saurions trop le répéter à l'éloge de sa sagacité, sait bien que

---

1. *Le Temps* du 16 avril 1883.

rien n'est éternel en ce monde, la jeunesse encore moins que toute autre chose. Et comme alors, il a raison de partir en laissant son fidèle public, qui acclamera jusqu'à sa dernière soirée sa jeunesse, sa voix toujours si fraîche et si pure, son talent toujours plus délicat, plus charmant, sur cette impression que rien n'est encore venu affaiblir, que son comédien préféré ne vieillira jamais. Mais hélas! qui nous rendra désormais Fortunio et Valère, qui nous rendra Horace, Lélie et Valentin, qui nous rendra Cœlio et Perdican!...

La biographie de Delaunay n'est pas longue à écrire. L'éminent artiste n'a point d'histoire, en dehors du théâtre, et encore sa vie dramatique est-elle l'une des plus claires, des plus simples, et surtout des plus « droites » qui se puisse raconter. Pendant près de quarante années, Delaunay a séjourné à l'Odéon et à la Comédie-Française ; rien en dehors, rien au delà ; ni voyages, ni tournées en province ou à l'étranger, pas même de représentations bruyantes dans les illustres salons de Paris. Delaunay ne s'est montré au public que sur les deux scènes mêmes où il s'est acquis un si grand et légitime renom, refusant dès le principe des engagements plus brillants, et se trouvant très satisfait et très honoré par la possession du seul titre qu'il ait jamais ambitionné, celui de sociétaire de la Comédie-Française[1]. Il y a joint en ces dernières années (1877) celui de professeur au Conservatoire ; il était difficile en effet de trouver un maître de parole et de diction qui lui fût supérieur. La vie dramatique de Delaunay consiste donc absolument dans l'étude des rôles qu'il a joués successivement à l'Odéon et à la Comédie-Française, et elle n'offre aucune trace d'incidents extraordinaires, ni d'aventures.

Louis-Arsène Delaunay est né à Paris le 21 mars 1826 ; ce merveilleux jeune premier vient donc d'accomplir sa cinquante-septième année ! Il était tout simplement le fils d'un marchand de vin. Dès sa jeunesse il eut le goût du théâtre. Un de ses biographes, Max de Revel, nons raconte ainsi sa pre-

---

1. Delaunay se tenait sur une extrême réserve, pour tout ce qui le concernait comme artiste. Il n'aimait à livrer de lui au public que ce qu'il pouvait lui donner sur la scène même, en interprétant ses rôles. Il était plein de déférence pour la presse, de laquelle tout artiste est justiciable, mais il n'attachait que peu d'importance aux « potins » que les reporters pouvaient publier et répandre sur son compte, et il ne prenait jamais la peine de les relever.

« L'événement, nous disait-il, rectifie lui-même l'erreur annoncée ; je ne me souviens pas d'avoir adressé, dans toute ma carrière, une seule lettre de réclamation de ce genre aux journaux. »

Aussi les autographes de Delaunay sont-ils rares, très rares ; nous croyons donc que nos lecteurs trouveront avec intérêt, comme spécimen de son écriture la lettre autographe à nous adressée que nous reproduisons en tête de ce volume.

mière tentative d'engagement. « Le 3 mars 1844, dit-il, Delaunay s'en vint frapper tout doucement à la porte du Gymnase.

Heureusement pour notre ami, Monval vint lui ouvrir, et avec cette politesse et ce ton de bonne compagnie qu'il possède, quoique régisseur, il lui demanda ce qu'il y avait à faire pour son service.

L'enfant répondit presque en tremblant qu'il venait s'engager comme figurant, espérant qu'avec beaucoup de travail et un peu de protection, il pourrait arriver peut-être à jouer des rôles.

C'est qu'il y allait de bonne foi, il le croyait comme il le disait, l'honnête garçon ; il ignorait complètement qu'entre artiste et figurant il y a une distance infranchissable ; la ligne de démarcation n'est pas plus grande entre nobles et vilains. Vous pourrez voir quelquefois un gentilhomme causer familièrement avec son domestique ; un premier sujet avec un choriste, jamais. Ceux mêmes qui affichent les opinions démocratiques les plus avancées ne dérogeraient point à cet axiome : *noblesse oblige*, et ils sont de la noblesse, ils le croient du moins, ce qui revient absolument au même.

Monval, qui est un honnête homme, et homme de sens avant tout, voyant un garçon d'une figure charmante, d'une tournure distinguée, lui fit comprendre qu'il faisait fausse route.

— Lorsque l'on a votre physique et vos dispositions, lui dit-il obligeamment, on ne sollicite pas une place de choriste, on ne vient point frapper à la porte du Gymnase, on va tout de suite au Théâtre-Français.

— Et le Théâtre-Français, où est-il? .

— Tout droit, tout droit, rue de Richelieu.... en passant par le Conservatoire.

L'indication était bonne, Delaunay la suivit de point en point, et le lendemain il était au nombre des élèves de Provost; car Provost n'est pas seulement, comme chacun le sait, un excellent comédien, c'est aussi un professeur habile. [1]. »

Delaunay entra, en effet, au Conservatoire dans la classe de Provost, qu'il devait retrouver quelques années après à la Comédie-Française, et qu'il eut ensuite pendant près de quinze ans pour camarade de sociétariat. C'est durant ce séjour dans la classe de Provost que Delaunay se présenta de nouveau au Gymnase où il obtint enfin un début. Il eut lieu, le 3 mars 1845, dans un vaudeville d'Arvers *les Deux Césars*. Delaunay n'y parut pas sous son nom, mais sous le pseudonyme d'Ernest. Il joua son rôle les 3, 4 et 5 mars, puis il dut y renoncer

---

1. *Les théâtres de Paris*, avec dessins d'Eustache Lorsay, ouvrage publié en livraisons séparées, in-8º. Paris, 1854-55.

pour cause d'insuccès. Il reprit aussitôt ses études
au Conservatoire, et enfin le 8 août suivant il obtint un accessit à la distribution annuelle des prix
après avoir concouru dans le *Menteur*. Le 24 septembre, Bocage lui fit contracter un engagement de
trois années à l'Odéon, au prix de 80 francs par
mois; on ne lui en avait d'abord offert que 60, que
Delaunay voulait accepter. Mais il était mineur, sa
famille dut intervenir, et l'engagement fut enfin
fixé à 80, puis à 100, puis enfin à 120 francs. Il
devait en outre fournir ses costumes. Et encore
était-il privilégié! Bien des acteurs de la troupe de
l'Odéon ne touchaient alors que 50 francs. La
troupe dont Delaunay allait bientôt devenir le premier sujet comptait cependant déjà des artistes de
valeur qui ont fourni la plupart une belle carrière.
De 1845 à 1848, on y trouve avec Bocage et mademoiselle George qui jouaient par intermittence :
Montjauze, élégant jeune premier qui balança un
moment le succès de Delaunay, et que nous avons
ensuite connu ténor au Théâtre-Lyrique; Clément-
Just; Harville qui épousa la fille de Brindeau;
Gaspari, le futur directeur du petit théâtre du
Luxembourg; Husson, qui devint directeur en
province; Dornay, depuis auteur dramatique; Roger, mort tout récemment directeur associé du
vaudeville; Alex. Mauzin; Blaisot, aujourd'hui au

Gymnase et d'abord condisciple et émule de Delaunay au Conservatoire; Henry Vannoy actuellement à la Porte-Saint-Martin; Ballande, Louis Monrose, Anselme Bert, Barré et mesdames Naptal-Arnault, Bonval et Moreau-Sainti qui allaient suivre ou précéder Delaunay à la Comédie-Française; Dérosselle; Lemaire, mort chanteur à l'Opéra-Comique; Henri Luguet; Léon Beauvallet; Larochelle, plus tard directeur de Cluny, puis de la Porte-Saint-Martin et de la Gaîté; Randoux, qui a déjà appartenu à la Comédie-Française où il rentrera momentanément en 1862; la belle mademoiselle Fitz-James (Lætitia) morte il y a quelques années seulement, et qui tenait avec beaucoup de talent les deuxièmes rôles de tragédie; mesdames Araldi et Maxime, deux tragédiennes qu'on avait vainement voulu opposer à Rachel qui d'un seul regard et d'un seul geste les avait fait disparaître à jamais; madame Marie Laurent, en représentations; mademoiselle Fernand; mademoiselle Laurentine de Brécourt, devenue la première madame Victorien Sardou; mademoiselle Meignan, madame Frantzia, mademoiselle Rabut, madame Grassau, duègne de mérite que recueillit quelques années plus tard la Comédie-Française [1], etc... On voit, par cette no-

---

[1]. Voyez, à ce sujet, le tome II de l'intéressante *Histoire de l'Odéon*, de MM. Porel et Georges Monval.

menclature détaillée des principaux artistes de l'Odéon pendant le séjour de Delaunay, qu'il n'entrait pas dans une société trop inférieure à son talent et à ses aspirations, et qu'il trouva au contraire, à faire de son art, grâce au contact de ces comédiens de mérite, une sérieuse étude préparatoire en vue des grands succès qui l'attendaient à la rue de Richelieu.

Le 26 novembre, Delaunay débuta à l'Odéon par le petit rôle de Damis, dans *Tartuffe*. Il passa assez inaperçu pendant une année environ, reprenant beaucoup le répertoire les *Plaideurs*, le *Jeu de l'Amour et du Hasard*, l'*Ecole des Femmes*, l'*Etourdi*, le *Menteur*, etc... Il n'avait alors pour lui que le charme de son extrême jeunesse et de sa voix si pleine de douceur, de nuances exquises et d'une fraîcheur incomparable [1].

---

1. Sarcey célèbre en termes excellents dans une notice qu'il a consacrée à Delaunay, le « suprême mérite » de la diction du charmant comédien. (*La Comédie-Française*, notices par Sarcey; librairie des Bibliophiles, Paris, 1876.)

« La diction, c'est encore là le suprême mérite de Delaunay ; sauf mademoiselle Sarah Bernhardt chez qui la diction est un don naturel, aucun comédien de ce temps n'approche de Delaunay pour l'art savant et exquis avec lequel il sait mener une phrase poétique, donnant à chaque mot sa valeur propre sans suspendre jamais le courant de la période ; prenant toujours soin de faire sentir à travers les brisures qu'exige le sens, l'harmonie propre du vers et la sonorité de

2.

Enfin, le 3 novembre 1846, une comédie de Méry, l'*Univers et la Maison*, le met tout à fait en évidence. Th. Gautier célèbre immédiatement sur le ton le plus enthousiaste et le plus élevé le vif succès de Delaunay [1]. « Un jeune homme inconnu, nommé Delaunay, s'est révélé subitement, dit-il, dans le rôle de Ludovic, le jeune premier le plus accompli de Paris. Il a dix-huit ans [2], un extérieur agréable, du feu, de la candeur, une voix nette et mordante, toutes les qualités de l'emploi. »

Ce brillant éloge, qui n'était alors qu'un pronostic et un présage, a encore aujourd'hui, à trente-sept années de distance, toute sa force et toute sa vérité. Delaunay n'est-il pas toujours, même au moment où il nous quitte « le jeune premier le plus accompli de Paris ? »

De ce jour, Delaunay a la faveur publique; la

---

la rime. C'est un plaisir délicieux que d'entendre la musique de cette voix jeune et caressante voltiger tantôt sur l'alexandrin sobre, net et ferme de Molière, de Corneille, ou de Piron, tantôt sur la prose cadencée de Marivaux ou d'Alfred de Musset. On peut dire sans craindre de se tromper qu'à cet égard Delaunay est un virtuose à qui personne ne saurait être comparé dans le temps présent, et qui ne trouverait sans doute que peu d'égaux dans le passé. »

1. *Histoire de l'art dramatique en France depuis vingt-cinq ans* par Th. Gautier, 4ᵉ série, Paris, chez Hetzel, 1859.
2. Delaunay avait alors vingt ans bien sonnés.

presse s'occupe de lui, on le signale, on l'écoute. La Comédie-Française lui propose dès lors un engagement qu'il souscrit deux ans avant de pouvoir le remplir. Th. Gautier, dont nous venons déjà de citer l'éloge si justement prophétique, déclare, en 1847, à propos de la nouvelle création de Delaunay dans le *Paquebot*, de Méry, « qu'il manque à la Comédie-Française et que nul jeune premier ne l'égale aujourd'hui [1]. » C'est dans cette même année que Delaunay crée à l'Odéon un de ses meilleurs rôles d'au delà des ponts, celui de Damon dans le *Pythias et Damon* de M. de Belloy qu'il reprit quelques années plus tard à la Comédie-Française[2]. »
« Delaunay, dit Gautier, a conquis sur la rive gauche une célébrité dont s'est émue la rive droite... il a produit dans Damon un effet de jeunesse, de fraîcheur et de grâce qu'on n'a pas oublié [3]. »

Delaunay s'essayait en même temps dans le répertoire classique et jouait assez souvent les rôles de son emploi dans Molière, où il devait tant exceller et briller à la Comédie-Française. Ce n'est

---

1. *Histoire de l'art dramatique en France*, etc... 5ᵉ série.
2. Je ne donne ici aucune date, le lecteur devant retrouver, à la fin de cette brochure, avec l'indication bien précise de l'ordre chronologique, toutes les pièces créées ou reprises par Delaunay.
3. *Histoire de l'art dramatique en France*, etc... 5ᵉ série.

pas à l'Odéon, en effet, qu'il put donner sa mesure véritable dans ces quelques personnages Lélie, Eraste, Valère, Horace, Damis, Cléante, etc... qu'il a joués plus tard avec tant d'éclat. En attendant la Comédie-Française, qui surveille avec un soin jaloux ses succès progressifs à l'Odéon, augmente d'elle-même le traitement qui lui a été promis; et pour répondre à ce bon office, Delaunay repousse peu après de plus avantageuses propositions qui lui sont faites par Lockroy [1] pour l'arracher à la Comédie-Française, même avant qu'il y eût débuté, puis par la Russie qui ne serait point fâchée d'attirer à elle pour ses dix années réglementaires le charmant jeune premier dont tout le Paris artistique célèbre déjà si vivement la haute valeur et les mérites.

Enfin, aux derniers jours du mois de mars 1848, Delaunay quitte définitivement l'Odéon et le 25 avril il débute à la Comédie-Française [2], dans le rôle de Valère de l'*Ecole des Maris*.

---

1. Delaunay retrouva peu de temps après, comme administrateur de la Comédie-Française ce même Lockroy qui ne put alors que se louer bien vivement de l'échec qu'avait subi à ce moment la proposition faite par lui à Delaunay.

2. Voici l'état du personnel artiste de la Comédie-Française au moment des débuts de Delaunay :

Artistes sociétaires (par rang d'ancienneté.)

MM. Samson; Ligier; Beauvallet; Geffroy; Regnier; Pro-

Je ne vois pas que jusqu'au milieu de l'année 1850, Delaunay ait produit l'effet très brillant, très « à part » et pour ainsi dire exceptionnel auquel on devait s'attendre. Il n'avait pas l'expérience si grande et si complète qu'il a acquise depuis et qui — fait absolument unique dans la carrière d'un artiste — lui a permis de jouer avec la science d'un vieux comédien consommé, des rôles qui exigeaient une jeunesse constante, c'est-à-dire les vingt-cinq ans que Delaunay a encore même aujourd'hui à la scène. Ajoutons que lors des débuts de Delaunay les événements politiques avaient quelque peu dé-

---

vost; Guyon; Brindeau; Leroux; Maillart; mesdames Mante, Desmousseaux; Anaïs Aubert; Noblet; Rachel; Mélingue; Aug. Brohan; Denain.

Acteurs pensionnaires :

MM. Mirecour; Joannis; Mainvielle; Fonta; Mathien; Micheau; Alexandre; Riché; Maubant; Got; Dupuis; Chéri; Raphaël Félix; Rey; Monrose; mesdames Thénard; Mirecour; Volnys; Avenel; Worms; Solié; Rébecca; Rimblot; Crosnier; Judith; Bonval; Allan.

Parmi tous ces artistes, deux seulement MM. Maubant et Got sont encore aujourd'hui les camarades de Delaunay à la Comédie-Française. Geffroy, Regnier, Adolphe Dupuis, Maillart et mesdames Mélingue, A. Brohan, Denain, Crosnier et Judith sont les seuls survivants du reste de la liste. Et combien d'autres de ses camarades venus après lui, de 1848 à 1883, Delaunay a vu disparaître, tandis qu'il restait toujours sur la brèche!...

tourné le public du théâtre, et qu'à la Comédie-Française notamment, Rachel et la *Marseillaise* avaient seuls le pouvoir d'attirer la foule, et que c'est précisément ces mêmes soirs de Rachel que Delaunay se montra tout d'abord, et forcément primé par elle [1]. Le 30 mai 1850, Delaunay fut élu sociétaire, moins de deux ans après ses débuts, et ayant fait ses preuves dans quarante-cinq pièces différentes, soit en créant des rôles nouveaux, soit en reprenant ceux du répertoire. Pendant ces deux années il fut toujours sur la scène, plein de feu, de verve, d'entrain, applaudi, admiré, mais n'ayant pas encore trouvé cependant la création éclatante qui devait le mettre tout à fait hors de pair, dans son emploi. Il était le plus parfait jeune premier de Paris, cela est incontestable, mais il manquait à sa réputation encore novice la consécration que donne seulement un de ces grands et indiscutables succès qui établissent à jamais la gloire d'un comédien. Cet exceptionnel succès il le trouva enfin dans le *Chandelier* où il créa cet immortel rôle de Fortu-

---

[1]. Voici quelques dates : 25 avril (débuts), *Phèdre;* la *Marseillaise;* l'*Ecole des Maris;* — 2 mai ; *Phèdre;* la *Marseillaise*, l'*Ecole des Femmes;* — 7 mai, *Mithridate;* la *Marseillaise*, le *Distrait*. — Voir mon volume, *Rachel d'après sa correspondance*, in-8º avec gravures, chez Jouaust 1882, qui contient la liste générale des représentations de Rachel.

nio [1] qui commença pour lui la série des personnages d'Alfred de Musset dont il devait traduire pour nous à la scène la si poétique et séduisante image. Je ne saurais assez dire combien Delaunay fut trouvé jeune, charmant, délicieux, idéal dans ce personnage aimable et délicat, véritable sensitive, qui ne sait rien encore de la vie, et dont le cœur, tout rempli d'un amour qu'il ignore lui-même s'ouvre pour la première fois et si ingénument à la passion. Mais que dis-je? Tout le monde a vu Delaunay dans ce personnage exquis, et dont sa grâce personnelle et son talent avaient encore grandi et accru la fine délicatesse, car, lorsqu'il le reprit en 1872, c'est-à-dire plus de vingt-deux ans après qu'il l'eût créé, il y fut trouvé non moins jeune, non moins charmant, non moins exquis qu'au premier jour. Et, lorsque quelques années plus tard deux nouveaux pensionnaires de la Comédie-Française, MM. Volny, puis Le Bargy voulurent peu après leurs débuts s'essayer dans ce rôle que Delaunay avait rendu si redoutable, ces deux jeunes gens, qui n'avaient cependant pas qua-

---

1. Le *Chandelier* fut joué pour la première fois au Théâtre-Historique le 10 août 1848. La pièce, d'ailleurs fort mal jouée, ne pouvait avoir et n'eut aucun succès sur cette scène vouée plus généralement à la représentation des drames de cape et d'épée.

rante ans à eux deux, y parurent moins brillants de jeunesse que Delaunay qui en avait alors plus de cinquante. Eh oui! Volny, avec ses dix-huit ans, Le Bargy avec ses vingt ans se montrèrent pâles, éteints et effacés dans ce personnage que Delaunay avait si vivement marqué tout d'abord de l'empreinte de son inaltérable jeunesse.

L'année suivante, il obtint le même succès dans Cœlio des *Caprices de Marianne;* il était décidément l'interprète obligé de Musset; et cependant i ne devait aborder qu'un peu plus tard les deux personnages où il a laissé selon nous le souvenir le plus durable et le plus exquis, Valentin dans *Il ne faut jurer de rien* et Perdican dans *On ne badine pas avec l'amour.* Le premier de ces rôles était alors tenu avec beaucoup de talent par Brindeau que les prochains débuts de Bressant allaient à jamais éloigner de la Comédie-Française [1]; Delaunay ne le reprit qu'en 1855, et c'est seulement en 1861 que la Comédie-Française mit pour la première fois à la scène *On ne badine pas avec l'amour.* Tout le monde a vu également Delaunay dans ces deux rôles admirables où l'on peut assurer qu'il ne sera jamais remplacé.

---

[1]. Voir la notice que nous avons publiée en 1882 sur Brindeau, à la librairie Tresse.

Il devint bientôt d'ailleurs le jeune premier qui put seul à la Comédie-Française interpréter ces personnages charmants qui demandaient à la fois, de l'esprit, de la tendresse, et surtout de la jeunesse. *La Fiammina, la Joie fait peur, le Lion amoureux, les Effrontés, le Fils de Giboyer, Péril en la demeure, les Jeunes gens*, etc., et je ne sais combien de pièces, où il créait ou reprenait les rôles de son emploi, lui durent en partie leur succès. Qu'il était charmant dans ce rôle d'Henri Charrier des *Effrontés* qu'il créa en 1861, et qu'il joue encore en ce moment, en 1883, avec autant de grâce juvénile qu'autrefois! Emile Augier lui donna d'ailleurs, dans une de ses grandes comédies *Paul Forestier* l'occasion de montrer son talent sous une autre face, en lui faisant jouer le rôle si passionné et si dramatique du héros même de sa pièce. On se souvient du grand succès que trouvèrent en même temps Delaunay et mademoiselle Favart dans cette sorte de drame en vers si vigoureux, et avec quelle force, quelle puissance et quels emportements ils interprétèrent leurs personnages! Ce même succès les suivit dans *les Faux Ménages* où leurs rôles étaient également passionnés et dramatiques.

On peut citer encore à part, dans la liste des créations heureuses de Delaunay celle de petits actes qui faisaient, grâce à lui, presque spectacle à eux seuls et au nombre desquels il faut particulièrement nommer *la Cigale chez les fourmis* et *l'Etincelle*. Ces petits actes, qui tenaient un peu plus du vaudeville que de la comédie, — on peut y ajouter *le Bougeoir* et *les Projets de ma tante* — étaient joués par lui avec une finesse, une vivacité, une désinvolture extraordinaires. Dans *l'Etincelle* notamment, une des dernières créations de Delaunay, le charmant comédien brûlait tout à fait les planches. C'est l'année suivante (1880) qu'il créa Daniel Rochat, l'une des grandes et bruyantes soirées de la Comédie-Française [1], et où Delaunay dut tenir tête pendant cinq actes avec un courage et un sang-froid bien méritoires à l'orage qui fondant sur la pièce, dès avant le lever du rideau, gronda sourdement d'abord, s'accrut ensuite, et finit par éclater au milieu du tumulte, des cris et des sifflets, qui ne s'adressaient naturellement pas à ses interprètes.

Le répertoire de Victor Hugo a fourni à Delaunay deux grands rôles, celui d'Hernani dans le drame de ce nom, et celui de Saverny dans la reprise de *Marion Delorme*. C'est ce dernier rôle qui lui a été le plus favorable. Les grandes tirades héroïques du

---

1. Il fut aussi de la non moins bruyante soirée d'*Henriette Maréchal*, où il jouait un rôle d'enfant de dix-huit ans, et où malgré ses efforts il parut encore plus jeune que son rôle (1865).

personnage romantique d'Hernani ne pouvaient aussi bien convenir au comédien qui avait soupiré la veille encore les couplets de Fortunio ou les tendresses de Valentin et de Perdican. Il joua cependant le rôle fort longtemps en 1867, mais il l'abandonna à Mounet-Sully à la dernière reprise du drame d'Hugo. Il reprit avec bien plus de succès, dans ces toutes dernières années, trois rôles qui demandaient des qualités qu'il est rare de trouver réunies dans un même talent, la légèreté, l'esprit, la jeunesse, et cette impertinente fatuité des grands seigneurs d'autrefois qui s'est conservée comme une tradition au théâtre : Richelieu dans *Mademoiselle de Belle-Isle*, Olivier de Jalin dans *le Demi-Monde* et enfin le duc d'Aléria dans *le Marquis de Villemer*. Dans ces trois pièces qu'il a jouées à la fin de sa carrière, de 1874 à 1878, il nous laissera un souvenir ineffaçable. Ces pièces composent en quelque sorte une trilogie où le talent de Delaunay s'est montré avec une égale puissance, pièces qui se passent à trois époques différentes. Ici Delaunay a triomphé sans conteste, dans un genre qui était autre que celui où il a le plus réussi : ni Richelieu, ni Olivier de Jalin, ni le duc d'Aléria ne sont des amoureux, leur personnage se rapproche plutôt des grands premiers rôles; ce sont des « raisonneurs » du grand monde, d'un esprit varié, mais d'un caractère offrant bien des côtés identiques, tous trois impertinents et spirituels, viveurs et distingués, grands seigneurs jusqu'au bout des ongles et gardant toujours leur caractère et cela jusqu'à la dernière scène de leur rôle. Delaunay s'est si bien incarné dans ces trois personnages, il s'est si complètement identifié avec eux, il les a si naturellement et si admirablement reproduits et « vécus, » que je ne vois personne qui puisse de longtemps l'y remplacer. Ils portent d'ailleurs en eux toutes les qualités et tous les défauts de la nature de leur personnage, étant peints de main de maître, et il fallait un artiste réellement supérieur pour s'associer aussi complètement à la pensée de l'auteur et se substituer en quelque sorte à lui dans leur interprétation à la scène.

Mais je ne saurais passer en revue l'une après l'autre dans cette rapide étude toutes les pièces modernes reprises ou créées par Delaunay; le lecteur en trouvera d'ailleurs la liste exacte et complète à la fin de cette brochure ; aussi laissant maintenant de côté ce répertoire où Delaunay a tant brillé, et où il a montré tant de souplesse et de variété, je veux rappeler qu'il ne brilla pas moins à la Comédie-Française dans un répertoire bien autrement difficile à interpréter en raison des grands souvenirs qu'il rappelle, des illustres artistes dont il a consacré et conservé la mémoire et des traditions qui s'attachent à son interprétation même; je veux parler du répertoire classique. C'est surtout dans les dix ou quinze dernières années de sa vie de théâtre qu'il nous a été donné d'y admirer Delaunay en possession de tous ses moyens, dans le développement absolu et complet de son talent, les jouant avec une perfection qui permettait les plus hautes comparaisons. C'est dans Molière et dans Corneille, dans Molière surtout, que Delaunay a trouvé ses meilleurs rôles. Il a joué avec le talent le plus rare Lélie de *l'Etourdi*, Valère et Damis de *Tartuffe*, Clitandre des *Femmes savantes*, Valère de *l'Ecole des maris*, Horace de *l'Ecole des femmes*, etc... Qui donc à aucune époque a joué avec plus de charme et de grâce, plus de légèreté et d'étourderie, plus de vivacité et de tendresse ce rôle délicieux d'Horace de *l'Ecole des femmes* qui nous semble le personnage de tout le répertoire classique que Delaunay ait interprété avec le plus d'art et de perfection? Et *le Menteur* de Corneille? a-t-on jamais dit d'une manière plus adorable et plus brillante le rôle étourdissant de Dorante? Je veux citer encore dans le répertoire classique, et tout à fait à part, un rôle où Delaunay a eu un succès personnel considérable, bien que la pièce dans laquelle il reprenait ce rôle n'ait été que froidement accueillie, c'est le rôle de Damis dans *la Métromanie* où il était tout à fait admirable. On nous cite toujours à propos de ce terrible et solennel répertoire classique les grands interprètes du passé, ceux surtout du siècle dernier et des premières années de celui-ci. On nous les donne comme d'inimitables modèles. Nous avons tous lu leur histoire et même étudié leur talent, mais il ne nous paraît pas qu'ils aient été meilleurs, ni plus aimés, ni plus applaudis que nos grands comédiens d'aujourd'hui. Est-ce que Got, est-ce que Delaunay, est-ce que Coquelin ne sont pas d'aussi grands artistes que les Fleury, les Molé, les Baptiste, les Menjaud ou les Firmin ?... Ont-ils montré dans leur talent plus de variété et de fantaisie que Got, plus d'étincelante souplesse que Coquelin, plus de charme et d'élégance que Delaunay ? Est-ce que ces trois artistes, qui sont aujourd'hui les têtes de colonne de la Comédie-Française, sans compter beaucoup d'autres comédiens et comédiennes parmi ceux qui appartiennent actuellement au sociétariat, ne marqueront pas toujours au premier rang dans l'histoire du théâtre de notre temps ? Eh non, à aucune époque on n'a mieux joué ce répertoire antique qu'on ne le joue aujourd'hui, et l'avenir réserve sans doute encore aux générations futures des comédiens qui vaudront à leur tour, avec des nuances différentes, Got, Delaunay et Coquelin.

Après le départ de Bressant, Delaunay a tenté de

s'approprier quelques-uns de ses rôles, dans ces personnages qu'on appelle au théâtre les grands jeunes premiers ou les grands premiers rôles. C'est ainsi qu'il reprit *le Mariage de Figaro, le Gendre de M. Poirier*, Alceste du *Misanthrope*, etc. Il apporta dans l'interprétation de ces personnages, qui ne sont pas de son emploi, toute sa science, tout son art, toute sa volonté, mais ils n'ont pas servi, ils ne pouvaient pas servir autant que les autres à sa réputation. Delaunay est le jeune premier le plus parfait qui existe au théâtre, mais il n'est qu'un jeune premier, nous dirions mieux encore et plus exactement un amoureux. Ni Almaviva, ni Gaston de Presles, ni Alceste, ni Valère du *Joueur*, ni le marquis du *Legs* ne sont des amoureux dans l'acception absolue du mot; ils ne sont pas de la famille d'Horace de *l'Ecole des femmes*, encore moins de celle de Perdican. Delaunay s'y est toutefois fait applaudir parce qu'un artiste de sa valeur et de son talent ne saurait être dans aucun rôle inférieur à lui-même, mais enfin ce ne sont pas ces rôles-là que nous voulons compter au nombre de ses meilleurs.

Nous avons dit au début de cette notice que la vie dramatique de Delaunay s'était toujours passée dans le droit chemin; ajoutons que jamais, au moins au su du public, il n'a eu de difficultés avec l'administration de son théâtre pendant les trente-cinq années de séjour qu'il y a faites. Sarcey, dans la notice que j'ai déjà citée, rapporte même à ce propos une conversation qu'il a eue avec Delaunay et dont le passage suivant est curieux à reproduire :

« Personne ne parle de la maison de Molière avec plus de vénération et de tendresse. Je me souviens qu'au temps où Got avait entamé contre la Comédie-Française un procès dont j'ai conté l'objet dans sa biographie [1], j'en causais avec Delaunay, et le pressais de reconnaître que sur bien des points au moins Got avait raison.

» Cela est possible, me disait-il, et je ne le conteste pas; mais l'intérêt de la Comédie-Française n'est pas qu'on soulève des questions semblables. Une grande maison comme celle-là vit de traditions; parmi ces traditions il y en a qui se sont tournées en abus. Il faut savoir les souffrir plutôt que de provoquer un scandale en les corrigeant... »

J'ajouterai que Delaunay, pressé de prendre part à la campagne qui allait être entreprise contre la Comédie-Française s'y refusa absolument. Et que

---

[1]. Cette biographie fait partie des notices publiées par Sarcey chez Jouaust. — L'affaire de Got contre la Comédie-Française a eu lieu en 1866. Voyez aussi à ce sujet notre volume *Journal intime de la Comédie-Française* publié en 1879 chez Dentu.

fût en effet devenue la Comédie-Française si deux de ses plus éminents artistes avaient voulu faire bande à part, et provoquer une scission dans l'illustre société? Qui sait si dans cet effort commun, qui eût entraîné sans doute par la contagion de l'exemple beaucoup d'autres défaillances et d'autres complicités, la société même du Théâtre Français n'eût pas trouvé sa dispersion et peut-être sa ruine!...

Il faut entendre causer Delaunay de toutes ces choses, et de bien d'autres, avec son expérience, son esprit naturel si vivant, si primesautier et surtout son bon sens. Aujourd'hui deuxième doyen de la Comédie-Française il occupe depuis de longues années déjà une situation prépondérante dans ses conseils et il s'y est acquis une légitime autorité. A ce point de vue encore le départ de Delaunay est une grande perte pour la Comédie où il ne reste plus pour conserver et rappeler les anciennes traditions, que Got et Maubant. Le temps et les choses vont si vite aujourd'hui que bientôt la jeune troupe prendra la tête de colonne et que dans quelques années seulement Coquelin deviendra le doyen de la Comédie-Française.

Je n'ai point à parler de la vie privée de Delaunay; mais ce que j'en sais, ce que j'en puis dire, c'est qu'elle est aussi régulière qu'honorable. Père de famille, Delaunay a trouvé autour de lui tous les contentements légitimes du cœur, aussi bien que ceux de l'amour-propre justement satisfait. Retiré aujourd'hui à Versailles, où il a acquis une maison, il va se livrer, assure-t-il, aux douceurs du « far niente. » Sa classe du Conservatoire doit rester son unique occupation sérieuse. Nous espérons cependant qu'après quelques mois d'un repos bien mérité, à la suite des rudes labeurs de ses dernières représentations, Delaunay donnera en dehors de ses cours du Conservatoire, les conseils et les leçons qu'on ne va pas manquer de lui demander de toutes parts, et qu'il nous préparera ainsi une pépinière d'amoureux qui lui ressemblent... même de loin. Car, lui parti, qui va nous rendre Fortunio et Valère ? qui va nous rendre Horace, Lélie et Valentin ? qui va nous rendre Cœlio et Perdican ?...

Avril 1883.

LISTE GÉNÉRALE CHRONOLOGIQUE

DES

ROLES CRÉÉS OU REPRIS

PAR

DELAUNAY

AU GYMNASE, A L'ODÉON
ET A LA COMÉDIE-FRANÇAISE

LISTE GÉNÉRALE
DES ROLES CRÉÉS OU REPRIS
Par M. DELAUNAY
Au Gymnase, a l'Odéon et a la Comédie-Française

THÉATRE DU GYMNASE

1845

1. — 3 mars (Débuts). *Les Deux César,* comédie vaudeville en 1 acte, de Félix Arvers (César Dauvray).

THÉATRE DE L'ODÉON

1845

2. — 26 novembre (Débuts) : *Tartuffe,* comédie en 5 actes de Molière (Damis).
3. — novembre : 28 *La Cloison,* comédie en 1 acte de Bélin (Dorsay).
4. — 3 décembre: *Les Plaideurs,* comédie en 3 actes de Racine (Léandre).

5. — 4 décembre : *Le Jeu de l'amour et du hasard*, comédie en 3 actes de Marivaux (Mario).
6. — 10 décembre : *L'Ecole des Femmes,* comédie en 5 actes, de Molière (Horace).
7. — 15 décembre : *Heureusement!* comédie en 1 acte de Rochon de Chabanne (Lindor).
8. — 28 décembre : *Jarvis* ou *le Marchand de Londres,* drame en 2 actes de Ch. Lafont (Harry).

1846

9. — 2 janvier : *Les Fourberies de Scapin,* comédie en 3 actes de Molière (Octave).
10. — 10 janvier : *Le Malade imaginaire,* comédie en 3 actes de Molière (Cléante).
11. — 25 janvier : *Glenarvon,* drame en 5 actes de Malefille (Harry).
12. — 8 février : *Le Médecin de son honneur,* drame en 3 actes, de H. Lucas (L'Infant).
13. — 12 février : Première représentation de *L'Alcade de Zalaméa,* drame en 3 actes de MM. de Wailly et Samson (Don Juan).
14. — 22 février : *Le Menuisier de Livonie,* comédie en 3 actes d'A. Duval (Charles).
15. — 3 mars : Première représentation de *L'Oncle de Normandie,* comédie en 3 actes de Ch. Lafon (Henri).

16. — 8 mars : *L'Avare,* comédie en 5 actes de Molière (Valère).
17. — 20 mars : *L'Ingénue à la Cour,* comédie en 5 actes d'Empis (Léon).
18. — 17 avril : *Les Etourdis,* comédie en 3 actes d'Andrieux (Daiglemont fils).
19. — 29 avril : *Les Fausses infidélités,* comédie en 1 acte de Barthe (Dormilly).
20. — 17 mai : *L'Etourdi,* comédie en 5 actes de Molière (Lélie).
21. — 6 juin : *Le Menteur,* comédie en 5 actes de Corneille (Dorante).
22. — 2 octobre : *La Femme jalouse,* comédie en 5 actes de Desforges (Ferval).
23. — 5 octobre : *Les Originaux,* comédie en 1 acte de Fagan (le Marquis).
24. — 6 octobre : *Un Voyage à Pontoise,* comédie en 3 actes de Royer et Vaez (Albert Thierry).
25. — 10 octobre : *La Première Affaire,* drame en 3 actes de Merville (Léon).
26. — 29 octobre : *L'Abbé de l'Epée,* comédie en 5 actes de Bouilly (Saint-Alme).
27. — 3 novembre : Première représentation de *l'Univers et la Maison,* comédie en 5 actes en vers de Méry (Ludovic).
28. — 28 novembre : *Le Bourru bienfaisant,* comédie en 3 actes de Goldoni (Valère).

1847

29. — 10 janvier : *L'Alcade de Molorido,* comédie en 3 actes de Picard (Eugénio).

30. — 15 janvier : Première représentation de *Le 15 Janvier*, à-propos en un acte en vers de Méry (l'acteur Baron).

Anniversaire de la naissance de Molière.

31. — 26 janvier : *Guerre ouverte,* comédie en 3 actes de Dumaniant (Le Marquis).

32. — 31 janvier : *Le Port de Mer,* comédie en 1 acte de Boindin (Léandre).

33. — 13 février : *Un Jeune Homme,* comédie en 3 actes de Camille Doucet (Georges).

34. — 4 mars : *L'Ecole des Maris,* comédie en 3 actes de Molière (Valère).

35. — 23 mars : Première représentation de *Le Manchon*, comédie en 2 actes de Cordelier-Delanoue (Jules).

36. — 4 avril : Première représentation de *Le Paquebot*, comédie en 3 actes de Méry (Saint-Marcel).

37. — 7 avril : Première représentation de *La Loge de l'Opéra*, comédie en 3 actes de mad. A. Ségalas (Paul).

38. — 29 avril : Première représentation de *La*

Comédie-Française

55. — 25 avril : (Débuts). *L'Ecole des Maris*, comédie en 3 actes de Molière (Valère).
56. — 26 avril : *Le Menteur*, comédie en 5 actes de Corneille (Dorante).
57. — 26 avril : *L'Aventurière*, comédie en 4 actes d'E. Augier (Horace).

La première représentation date du 23 mars précédent. Le rôle a été créé par Raphaël Félix.

58. — 2 mai : *L'Ecole des Femmes*, comédie en 5 actes, de Molière (Horace).
59. — 7 mai : *Le Distrait*, comédie en 5 actes de Regnard (Le Chevalier).
60. — 28 mai : *Tartuffe*, comédie en 5 actes de Molière (Damis).
61. — 30 mai : Première représentation de *La Rue Quincampoix*, comédie en 5 actes d'Ancelot (de Horn).
62. — 31 mai : *Le Mari à la campagne*, comédie en 3 actes de Bayard et de Wailly (Edmond).
63. — 8 juin : *La Fille d'honneur*, comédie en 5 actes d'Alex. Duval (Charles).
64. — 27 juillet : *Les Portraits*, comédie en 1 acte de A. Decourcelle et Th. Barrière (Le Chevalier).

65. — 31 juillet : *Le Bachelier de Ségovie*, comédie en 5 actes de Casimir Bonjour (Don Luis).
66. — 19 août : Première représentation de *Le vrai Club des Femmes*, comédie en 2 actes de Méry (Albert).
67. — 22 août : *La Mère et la Fille*, comédie en 5 actes, de Empis et Mazères (Jules).
68. — 10 septembre : *Le Dépit amoureux*, comédie en 2 actes de Molière (Valère).
69. — 17 septembre : *Marion De Lorme* drame en 5 actes de V. Hugo (Charnacé).
70. — 2 novembre : Première représentation de *La Vieillesse de Richelieu*, comédie en 5 actes d'Oct. Feuillet et P. Bocage (René).
71. — 23 novembre : *La Dame et la Demoiselle*, comédie en 4 actes, de Empis et Mazères (Ernest).

1849

72. — 21 janvier : *L'Avare*, comédie en 5 actes de Molière (Cléante).
73. — 24 janvier : Première représentation de *Une Double Leçon*, comédie en 1 acte de d'Epagny (Prangé).
74. — 28 janvier : *Le Mari et l'Amant*, comédie en 1 acte de Vial (Ernest).
75. — 3 février : *Le Bourru bienfaisant*, comédie en 3 actes de Goldoni (Valère).

Course à l'héritage, comédie en 5 actes de Viennet (Alfred).

39. — 22 mai : Première représentation d'*Egmont*, drame en 5 actes d'Alex. Rolland (Fernando).

40. — 23 mai : *Il ne faut pas jouer avec le feu*, comédie en 1 acte de M. Coquatrix (Mauléon).

41. — 29 mai : Première représentation de *Pythias et Damon*, comédie en 1 acte du Marquis de Belloy (Damon).

42. — 6 juin : Première représentation de *Corneille chez Poussin*, à-propos en 1 acte en vers de M. F. de Laboulaye (Poussin).

Anniversaire de la naissance de Corneille.

43. — 7 juin : Première représentation de *Nouvelles d'Espagne*, comédie en 1 acte de G. Vaez (Ferdinand).

44. — 30 septembre : (Réouverture de l'Odéon). Première représentation de : *Le Passé et l'Avenir* prologue en 1 acte de Michel Carré et Ch. Narrey (Henry).

45. — 24 octobre : *La Petite Ville*, comédie en 4 actes de Picard (Desroches).

46. — 17 novembre : *Faute d'un pardon*, drame en 5 actes de P. Foucher et Alex. Jarry (Léon).

47. — 28 novembre : *Le Voyage à Dieppe*, comédie en 3 actes de Waflard et Fulgence (d'Hérigny).

48. — 30 novembre: Première représentation de Les Geais comédie en 2 actes de J. Watrin (Ludovic).

49. — 30 décembre: Première représentation de Cécile Lebrun, ou Notre fille est duchesse, comédie en 5 actes d'Ancelot (de Torigny).

La pièce fut sifflée et l'auteur ne put être nommé à la chute du rideau qu'il fallut baisser avant la fin de la représentation.

50. — (Même soir) Première représentation de Le Dernier Banquet de 1847, Revue de l'année en 2 actes par Camille Doucet (Le dimanche).

Immense succès, contrastant singulièrement avec la bruyante chute de la pièce précédente qui commençait le spectacle.

1848

51. — 10 janvier : Première représentation de Amour et Bergerie, comédie en 1 acte de Barbier.

52. — 15 janvier : Première représentation de Le Protégé de Molière, comédie en 1 acte de Lesguillon (Racine).

Anniversaire de la naissance de Molière.

53. — 8 février : Première représentation de Le dernier Figaro, comédie en 5 actes de Lesguillon (Fernand).

54. — 5 mars : L'Hôtel César, comédie en 1 acte de Lambert Thiboust (Hector).

76. — 15 février : *Le Malade imaginaire*, comédie en 3 actes, de Molière (Cléante).

77. — 19 février : *Le Mariage forcé*, comédie en 1 acte de Molière (Lycaste).

78. — 19 février : *Monsieur de Pourceaugnac*, comédie en 3 actes de Molière (Eraste).

79. — 22 février : *Sganarelle*, comédie en 1 acte de Molière (Lélie).

80. — 22 mars : Première représentation de *Le Moineau de Lesbie*, comédie en 1 acte en vers d'A. Barthet (Cornélius).

C'est la première pièce où Delaunay joue avec Rachel, créant le rôle de Lesbie.

81. — 29 avril : *Hernani*, drame en 5 actes en vers de V. Hugo (Don Garcie).

82. — 24 mai : *Le Misanthrope*, comédie en 5 actes de Molière (Clitandre).

83. — 21 juin : *Valérie*, comédie en 3 actes de Scribe et Mélesville (Henri).

84. — 28 juin : *Les Trois Quartiers*, comédie en 3 actes de Picard et Mazères (Gustave).

85. — 1er juillet : *Le Mari à bonnes fortunes*, comédie en 5 actes de Casimir Bonjour (Charles).

86. — 8 juillet : *Les Fourberies de Scapin*, comédie en 3 actes de Molière (Octave).

87. — 21 juillet : *La Mère coupable*, drame en 5 actes de Beaumarchais (Léon).

88. — 2 août : *Le Misanthrope,* comédie en 5 actes de Molière (Acaste).

89. — 18 août : Première représentation de *la Ligue des Amants,* comédie en 1 acte, d'Alfred Desessarts (Don Arsénio).

90. — 20 août : *Les Plaideurs,* comédie en 3 actes, de Racine (Léandre).

91. — 30 septembre : *Le Jeu de l'amour et du hasard,* comédie en 5 actes, de Marivaux (Mario).

92. — 3 octobre : *Les Demoiselles de Saint-Cyr,* comédie en 4 actes, d'A. Dumas (Duc d'Anjou).

La pièce a d'abord été jouée en 5 actes, puis en 1851 remaniée et réduite en 4 actes par Regnier. Le rôle a été créé par Brindeau.

93. — 18 octobre : *1760,* comédie en 1 acte, de Longpré (Charles).

94. — 20 octobre : *Les Etourdis,* comédie en 3 actes, d'Andrieux (Daiglemont fils).

95. — 7 décembre : *La Coupe enchantée,* comédie en 1 acte, de La Fontaine (Lélie*).*

1850

96. — 5 janvier : Première représentation de *Les deux Célibats,* comédie en 3 actes, de MM. De Wailly et Overnay (Charles).

97. — 15 janvier : Première représentation des *Trois Entr'actes,* ajoutés par M. A. Dumas à

l'Amour médecin, comédie de Molière, à l'occasion de l'anniversaire de sa naissance (l'Abbé).

98. — 9 février : Première représentation de *l'Avoué par amour*, comédie en 1 acte, de M. E. Cottinet (Albin).

99. — 23 mars : Première représentation de *Charlotte Corday*, drame en 5 actes, en vers de Ponsard (Louvet).

100. — 29 mai : Première représentation de *La Queue du chien d'Alcibiade*, comédie en 2 actes, de L. Gozlan (Ferrières).

101. — 7 juin : Première représentation de *La Migraine*, comédie en 1 acte, de Viennet (Courville).

102. — 15 juin : *Les Fausses Infidélités*, comédie en 1 acte, de Barthe (Dormilly).

103. — 29 juin : Première représentation de *Le Chandelier*, comédie en 3 actes, d'A. de Musset (Fortunio).

La pièce a d'abord été jouée au Théâtre-Historique, mais sans aucun succès.

104. — 24 août : *Gabrielle*, comédie en 4 actes, d'E. Augier (Stéphane).

La pièce a été jouée pour la première fois le 15 décembre 1849 et le rôle créé par Maillart.

105. — 15 octobre : Première représentation de *Les Contes de la Reine de Navarre*, comédie en 5 actes de Scribe et Legouvé (Henri d'Albret).

1851

106. — 27 février : *Le Verre d'eau,* comédie en 5 actes, de Scribe (Masham).

107. — 1er mai : Première représentation de *C'est la faute du mari,* comédie en 1 acte de mad. E. de Girardin (Fernand).

108. — 19 mai : *La Ciguë,* comédie en 2 actes, d'E. Augier (Clinias).

109. — 31 mai : Première représentation de *La fin du roman,* comédie en 1 acte, de Léon Gozlan (Anatole).

110. — 14 juin : Première représentation de *Les Caprices de Marianne,* comédie en 3 actes d'A. de Musset (Cœlio).

111. — 2 août : *Le Médecin malgré lui,* comédie en 3 actes de Molière (Léandre).

112. — 3 septembre : *Chacun de son côté,* comédie en 3 actes de Mazères (Alexis).

113. — 4 novembre : Première représentation de *Mademoiselle de la Seiglière,* comédie en 4 actes, de Jules Sandeau (Raoul de Vaubert).

114. — 13 novembre : *L'Ecole des Bourgeois,* comédie en 3 actes de Dalainval (Damis).

1852

115. — 9 janvier : *Le Bourgeois gentilhomme*, comédie en 5 actes, de Molière (Cléante).

116. — 19 février : Première représentation de *Diane*, drame en 5 actes, d'Emile Augier (Paul de Mirmande).

Rachel créé le rôle de Diane.

117. — 21 avril : Première représentation de *Le Bonhomme Jadis*, comédie en 1 acte, de Henri Murger (Octave).

118. — 18 juin : Première représentation de *Ulysse*, tragédie en 3 actes, de Ponsard (Télémaque).

Le rôle de Pénélope créé et repris aujourd'hui par Judith avait d'abord été accepté par Rachel, qui le refusa ensuite.

119. — 23 juillet : *Le Voyage à Pontoise*, comédie en 3 actes, de Royer et Vaez (Albert Thierry).

120. — 19 octobre : *Tartuffe*, comédie en 5 actes, de Molière (Valère).

121. — 2 novembre : *Les Droits de l'homme*, comédie en 2 actes, de J. de Prémaray (Gaston).

Première représentation à la Comédie-Française, pour les débuts de mademoiselle Sarah Félix qui a créé le rôle principal à l'Odéon le 6 novembre 1851. Le rôle repris par Delaunay a été créé par Néroud.

122. — 24 décembre : Première représentation de

Le Cœur et la Dot, comédie en 5 actes, de Mallefille (Henri).

La pièce a été reprise le 27 juin 1860, mais réduite alors en 4 actes.

1853

123. — 16 mars : Première représentation de *Souvenirs de Voyage*, comédie en 1 acte, de A. Achard (Ernest Simon).

124. — 3 juin : *Le Mari de la Veuve,* comédie en 1 acte, d'Alex. Dumas (Léon).

125. — 28 juin : *Pythias et Damon,* comédie en 1 acte, de M. de Belloy (Damon).

Première représentation à la Comédie-Française. Delaunay reprend le rôle qu'il a créé à l'Odéon le 29 mai 1847.

126. — 4 juillet : *Don Juan,* comédie en 5 actes, de Molière (Don Carlos).

127. — 4 août : *L'Etourdi,* comédie en 5 actes, de Molière (Lélie).

1854

128. — 25 février : Première représentation de *La Joie fait peur*, comédie en 1 acte, de mad. de Girardin (Adrien).

129. — 17 mai : Première représentation de *Le*

double veuvage, comédie en 3 actes, de Dufresny, réduite en 1 acte, par Léon Guillard (Armand).

Léon Guillard n'a pas été nommé.

130. — 16 novembre : Première représentation de *la Niaise*, comédie en 5 actes de M. Mazères (de Bréchetanne).

131. — 24 novembre : *Une Tempête dans un verre d'eau*, comédie en 1 acte, de Léon Gozlan (Lucien).

Première représentation à la Comédie-Française. Le rôle a été créé au Théâtre-Historique le 18 décembre 1849 par Eugène Pierron.

1855

132. — 28 janvier : *La Czarine*, drame en 5 actes, de Scribe (Sapieha).

Le rôle a été créé le 15 janvier précédent par Bressant. Le personnage de la Czarine est la dernière création de Rachel.

133. — 10 mars : Première représentation de *Les Jeunes gens*, comédie en 3 actes, de Léon Laya (Max).

134. — 19 avril : Première représentation de *Péril en la demeure*, comédie en 2 actes, d'Octave Feuillet (Albert).

135. — 31 août : Première représentation de *Le*

Gâteau des Reines, comédie en 5 actes, de Léon Gozlan (comte d'Estrées).

138. — 15 septembre : Première représentation de *L'Amour et son Train,* comédie en 1 acte, d'Octave Lacroix (Gabriel).

137. — 5 décembre : *Il ne faut jurer de rien,* comédie en 3 actes, d'Alfred de Musset (Valentin).

Le rôle a été créé par Brindeau le 22 juin 1848.

1856

138. — 12 avril : Première représentation de *Comme il vous plaira,* drame en 3 actes, de George Sand, d'après Shakespeare (Roland).

139. — 26 mai : *Le Bougeoir,* comédie en 1 acte, de Clément Caraguel (Lucien).

Première représentation à la Comédie-Française. Métrême a créé à l'Odéon le rôle aujourd'hui repris par Delaunay (21 mai 1852).

140. — 20 juin : Première représentation de *Le Pied d'argile,* comédie en 3 actes, de E. Bourgeois (Gaston).

La pièce a été sifflée, et a marché difficilement jusqu'à la fin; elle n'a pas eu de seconde représentation.

141. — 1er juillet : *Une chaîne,* comédie en 5 actes, de Scribe (Eméric).

1857

142. — 19 janvier : *Turcaret*, comédie en 5 actes, de Le Sage (le Chevalier).

143. — 14 février : Première représentation de *Un Vers de Virgile*, comédie en 2 actes, de Mélesville (Henri).

144. — 12 mars : Première représentation de *La Fiammina*, comédie en 4 actes, de Mario Uchard (Henri).

145. — 12 septembre : *Don Juan d'Autriche*, comédie en 5 actes, de Cas. Delavigne (Don Juan).

146. — 7 octobre : Première représentation de *Le Pamphlet*, comédie en 2 actes, de Legouvé (Don Henrique).

147. — 23 novembre : Première représentation de *Le Fruit défendu*, comédie en 3 actes, de C. Doucet (Léon).

1858

148. — 23 janvier : Première représentation de *Feu Lionel*, comédie en 3 actes, de Scribe et Potron (Lionel).

149. — 29 mars : Première représentation de *Les doigts de Fée*, comédie en 5 actes, de Scribe et Legouvé (Tristan).

150. — 14 décembre : Première représentation de *Héro et Léandre*, drame en 1 acte, de L. Ratisbonne (Léandre).

1859

151. — 1ᵉʳ mars : Première représentation de *Rêves d'amour*, comédie en 3 actes, de Scribe et de Biéville (Henri).
152. — 2 mai : Première représentation de *Souvent homme varie*, comédie en 2 actes, d'Aug. Vacquerie (Beppo).
153. — 8 octobre : Première représentation de *Les Projets de ma Tante*, comédie en 1 acte, de H. Nicolle (Ernest Duplessis).

1860

154. — 13 mars : Première représentation de *Le Feu au couvent*, comédie en 1 acte, de Th. Barrière (de Mériel).
155. — 6 novembre : Première représentation de *La Considération*, comédie en 4 actes de C. Doucet (Lucien).

1861

156. — 10 janvier : Première représentation de

Les Effrontés, comédie en 5 actes d'E. Augier (Henri Charrier).

157. — 6 juin : *L'Illusion comique,* tragi-comédie de Corneille réduite en 4 actes (Clindor).

158. — 18 novembre : Première représentation de *On ne badine pas avec l'amour*, drame en 3 actes, en prose, d'A. de Musset (Perdican).

1862

159. — 21 janvier : *L'Honneur et l'Argent*, comédie en 5 actes de Ponsard (Georges).

<small>Première représentation à la Comédie-Française. Le rôle a été créé à l'Odéon par Laferrière le 11 mars 1853.</small>

160. — 1er décembre : Première représentation de *Le Fils de Giboyer*, comédie en 5 actes, d'Emile Augier (Maximilien Gérard).

1863

161. — 19 mai : *Louis XI,* tragédie en 3 actes de Casimir Delavigne (Nemours).

162. — 19 octobre : Première représentation de *Jean Baudry*, comédie en 4 actes d'A. Vacquerie (Olivier).

1864

163. — 16 mars : Première représentation de *Voltaire au foyer*, à-propos en 1 acte de M. Amédée Rolland (Lagrange).

Représentation extraordinaire à l'occasion de l'inauguration du nouveau foyer public, où la statue de Voltaire par Houdon occupe la première place.

164. — 29 octobre : Première représentation de *Maître Guérin*, comédie en 5 actes d'Emile Augier (Arthur).

1865

165. — 2 septembre : *La Métromanie*, comédie en 5 actes de Piron (Damis).

Débuts de M. Charles Prud'hon, nommé sociétaire le 15 décembre 1882.

166. — 5 décembre : Première représentation de *Henriette Maréchal*, pièce en 3 actes et un prologue de MM. de Goncourt (Paul de Bréville).

Bruyante soirée. La pièce a dû être retirée de l'affiche après cinq représentations non moins tumultueuses.

1866

167. — 18 janvier : Première représentation de *Le*

Lion amoureux, comédie en 5 actes de Ponsard (De Vaugris).

168. — 18 août : Première représentation de *Fantasio,* comédie en 3 actes d'A. de Musset (Fantasio).

169. — 30 octobre : Première représentation de *Le Fils,* comédie en 4 actes de A. Vacquerie (Louis Berteau).

1867

170. — 7 mars : Première représentation de *Galilée,* drame en 3 actes, de Ponsard (Taddeo).

171. — 20 juin : *Hernani,* drame en 5 actes de V. Hugo (Hernani).

1868

172. — 25 janvier : Première représentation de *Paul Forestier,* comédie en 4 actes, d'E. Augier (Paul).

173. — 2 mai : *Une nuit d'octobre,* d'A. de Musset, dite pour la première fois à la Comédie-Française (Le poète).

Représentation extraordinaire donnée à l'occasion de l'anniversaire de la mort d'Alfred de Musset et de l'inauguration au foyer de son buste par le sculpteur Mezzara.

174. — 21 novembre : *Horace et Lydie,* comédie en 1 acte de Ponsard (Horace).

1869

175. — 7 janvier : Première représentation de *Les Faux ménages*, comédie en 4 actes de M. Pailleron (Armand).

176. — 23 avril : *La Princesse d'Elide*, comédie en 5 actes, de Molière, mise en 3 actes (Le Prince).

177. — 9 juin : Première représentation de *Juan Strenner*, drame en 1 acte de Paul Déroulède (Juan).

178. — 13 juin : *La Nuit de décembre*, poésie d'Alfred de Musset (Le poète).

Dans une soirée dramatique de bienfaisance donnée au Grand-Hôtel.

179. — 6 décembre : Première représentation de *Lions et Renards*, comédie en 5 actes, d'E. Augier (Pierre Champlion).

1870

180 — 1ᵉʳ février : *Les Femmes savantes*, comédie en 5 actes, de Molière (Clitandre).

1871

181 — 20 décembre : Première représentation de

Christiane, comédie en 4 actes, de M. Gondinet (Comte de Noja).

1872

182 — 12 avril: Première représentation de *Nany*, comédie en 4 actes, de MM. Meilhac et Ludovic Halévy (Pierre).

183. — 14 novembre : Première représentation de *Hélène*, drame en 3 actes, de M. Pailleron (Jean).

1873

184 — 10 février : *Marion Delorme*, drame en 5 actes de V. Hugo (Saverny).

1874

185 — 23 mars : Première représentation de *Le Sphinx*, drame en 4 actes, d'Octave Feuillet (De Savigny).

186. — 26 octobre : *Le Demi-Monde*, comédie en 5 actes, d'A. Dumas fils (Olivier de Jalin).

Première représentation à la Comédie-Française. Le rôle a été créé au Gymnase le 20 mars 1855 par Adolphe Dupuis.

1875

187. — 8 avril : *Mademoiselle de Belle-Isle*, comédie en 5 actes d'Alex. Dumas (Richelieu).

188. — 6 décembre : *Le Gendre de M. Poirier*, comédie en 4 actes d'E. Augier et J. Sandeau (Marquis de Presles).

Le rôle a été créé au Gymnase le 8 avril 1854 par Berton père, et repris pour la première fois à la Comédie-Française, le 3 mai 1864 par Bressant

1876

189. — 14 mars : *Le Jeune Mari*, comédie en 3 actes, de Mazères (Oscar de Beaufort).
190. — 8 mai : *Don Juan*, comédie en 5 actes, de Molière (Don Juan).
191. — 23 mai : Première représentation de *La Cigale chez les Fourmis*, comédie en 1 acte, de Labiche et Legouvé (Paul de Vineuil).

1877

192. — 19 mars : *Le Joueur*, comédie en 5 actes, de Regnard (Valère).
193. — 4 juin : *Le Marquis de Villemer*, comédie en 4 actes, de G. Sand (Le duc d'Aléria).

Première représentation à la Comédie-Française. Le rôle a été créé par Berton père, à l'Odéon, le 29 février 1864.

1878

194. — 14 janvier : *Le Misanthrope*, comédie en 5 de Molière (Alceste).

195. — 27 février : *Les Caprices de Marianne*, comédie en 3 actes, d'A. de Musset (Octave).

Représentation au bénéfice de Bressant. La pièce est jouée intégralement. Le rôle a été créé par Brindeau.

1879

196. — 21 février : *Le Legs*, comédie en 1 acte de Marivaux (Le Marquis).

197. — 13 mai : Première représentation de *L'Etincelle*, comédie en 1 acte de M. Pailleron (Raoul).

198. — 17 novembre : *Le Mariage de Figaro*, comédie en 5 actes de Beaumarchais (Comte Almaviva).

1880

199. — 16 février : Première représentation de *Daniel Rochat*, comédie en 5 actes de V. Sardou (Daniel).

200. — 21 octobre : Deuxième centenaire de la fondation de la Comédie-Française : *L'Impromptu de Versailles*, comédie en 1 acte, de Molière (La Grange).

1881

201. — 25 avril : Première représentation de *Le Monde où l'on s'ennuie*, comédie en 3 actes, de M. Pailleron (Roger de Céran).

---

202. — En outre, Delaunay a joué une seule fois à la Comédie-Française le rôle de l'Amour dans *Psyché*, tragi-comédie de Molière, Quinault et Corneille, dans une représentation donnée à l'occasion d'un des anniversaires de la naissance de l'auteur de *Cinna*. Pendant le voyage de la Comédie-Française à Londres, en 1871, il a rempli, dans *L'Avare,* le petit rôle de Brindavoine, et dans la comédie de Balzac *Mercadet,* le personnage secondaire de Méricourt. Il n'a jamais joué ces deux derniers rôles à Paris.

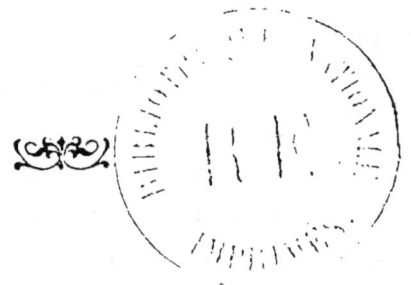

LISTE GÉNÉRALE ALPHABÉTIQUE

DES

ROLES REPRIS OU CRÉÉS

PAR

DELAUNAY

AU GYMNASE, A L'ODÉON
ET A LA COMÉDIE-FRANÇAISE

LISTE ALPHABÉTIQUE

DES ROLES REPRIS OU CRÉÉS

Par DELAUNAY

Au Gymnase, a l'Odéon et a la Comédie-Française[1]

Abbé (l') de l'Epée, 26.
Alcade (l') de Zalaméa, 13.
Alcade (l') de Molorido, 29.
Amour et bergerie, 51.
Amour (l') et son train, 136.
Avare (l') 16; 72; 202.
Aventurière (l') 57.
Avoué (l') par amour, 98.

Bachelier (le) de Ségovie, 65.
Bonhomme (le) jadis, 117.
Bougeoir (le), 139.
Bourgeois (le) gentilhomme, 115.
Bourru (le) bienfaisant, 28, 75.

Caprices (les) de Marianne, 110, 195.
Cécile Lebrun, 49.
C'est la faute du mari, 107.
Chacun de son côté, 112.

Chaîne (une), 141.
Chandelier (le), 103.
Charlotte Corday, 99.
Christiane, 181.
Cigale (la) chez les fourmis, 191.
Ciguë (la), 108.
Cloison (la), 3.
Cœur (le) et la dot, 122.
Comme il vous plaira, 138.
Considération (la), 155.
Contes (les) de la Reine de Navarre, 105.
Corneille chez Poussin, 42.
Coupe (la) enchantée, 95.
Course (la) à l'héritage, 38.
Czarine (la), 132.

Dame (la) et la demoiselle, 71.
Daniel Rochat, 199.
Demi-Monde (le), 186.

---

1. Chaque numéro se rapporte à ceux de la liste précédente.

Demoiselles (les) de Saint-Cyr, 92.
Dépit (le) amoureux, 68.
Dernier (le) banquet de 1847, 50.
Dernier (le) Figaro, 53.
Deux (les) célibats, 96.
Deux César, (les) 1.
Diane, 116.
Distrait (le), 59.
Doigts (le) de fée, 149.
Don Juan (de Molière), 126; 190.
Don Juan d'Autriche, 145.
Double (la) leçon, 73.
Double (le) veuvage, 129.
Droits (les) de l'homme, 121.

Ecole (l') des bourgeois, 114.
Ecole (l') des femmes, 6, 58.
Ecole (l') des maris, 34, 55.
Effrontés (les), 156.
Egmont, 39.
Etincelle (l') 197.
Etourdi (l') 20, 127.
Etourdis (les), 18, 94.

Fantasio, 168.
Fausses (les) infidélités, 19, 102.
Faute d'un pardon, 46.
Faux (les) ménages, 175.
Femme (la) jalouse, 22.
Femmes (les) savantes, 180.
Feu (le) au couvent, 154.
Feu Lionel, 148.

Fiammina (la), 144.
Fille (la) d'honneur, 63.
Fils (le), 169.
Fils (le) de Giboyer, 160.
Fin (la) du roman, 109.
Fourberies (les) de Scapin, 9, 86.
Fruit (le) défendu, 144.

Gabrielle, 104.
Galilée, 170.
Gâteau (le) des reines, 135.
Geais (les), 48.
Gendre (le) de M. Poirier, 188.
Glenarvon, 11.
Guerre ouverte, 31.

Hélène, 183.
Henriette Maréchal, 166.
Hernani, 81, 171.
Héro et Léandre, 150.
Heureusement, 7.
Honneur (l') et l'argent, 159.
Horace et Lydie, 174.
Hôtel (l') César, 54.

Illusion (l') comique, 157.
Il ne faut jurer de rien, 137.
Il ne faut pas jouer avec le feu, 40.
Impromptu (l') de Versailles, 200.
Ingénue (l') à la cour, 17.

Janvier (le 15), 30.
Jarvis, 8.

Jean Baudry, 162.
Jeu (le) de l'amour et du hasard, 5, 91.
Jeune homme (un), 33.
Jeune (le) mari, 189.
Jeunes (les) gens, 133.
Joie (la) fait peur, 128.
Joueur (le), 192.
Juan Strenner, 177.

Legs (le), 196.
Ligue (la) des amants, 89.
Lion (le) amoureux, 167.
Lions et Renards, 179.
Loge (la) de l'Opéra, 37.
Louis XI, 161.

Mademoiselle de Belle-Isle, 187.
Mademoiselle de la Seiglière, 113.
Maître Guérin, 164.
Malade (le) imaginaire, 10, 76.
Manchon (le), 35.
Mari (le) à la campagne, 62.
Mari (le) à bonnes fortunes, 85.
Mari (le) de la veuve, 124.
Mari (le) et l'amant, 74.
Mariage (le) de Figaro, 198.
Mariage (le) forcé, 77.
Marion Delorme, 69, 184.
Marquis (le) de Villemer, 193.
Médecin (le) de son honneur, 12.
Médecin (le) malgré lui, 111.
Menteur (le) 21, 56.
Menuisier (le) de Livonie, 14.

Mercadet, 202.
Mère (la) coupable, 87.
Mère (la) et la fille, 67.
Métromanie (la), 165.
Migraine (la), 101.
Mil sept cent soixante, 93.
Misanthrope (le), 82, 88, 194.
Moineau (le) de Lesbie, 80.
Monde (le) où l'on s'ennuie, 201.
Monsieur de Pourceaugnac, 78.

Nany, 182.
Niaise (la), 130.
Nouvelles d'Espagne, 43.
Nuit (la) d'octobre, 173.
Nuit (la) de décembre, 178.

Oncle (l') de Normandie, 15.
On ne badine pas avec l'amour, 158.
Originaux (les), 23.

Pamphlet (le), 146.
Paquebot (le), 36.
Passé (le) et l'avenir, 44.
Paul Forestier, 172.
Péril en la demeure, 134.
Petite (la) ville, 45.
Pied (le) d'argile, 140.
Plaideurs (les), 4, 90.
Port (le) de mer, 32.
Portraits (les), 64.
Première (la) affaire, 25.
Princesse (la) d'Elide, 176.
Projets (les) de ma tante, 153.

Protégé (le) de Molière, 52.
Psyché, 202.
Pythias et Damon, 41, 125.

Queue (la) du chien d'Alcibiade, 100.

Rêves d'amour, 151.
Rue (la) Quincampoix, 61.

Sganarelle, 79.
Souvenirs de voyage, 123.
Souvent homme varie, 152.
Sphinx (le), 185.

Tartuffe, 2, 60, 120.
Tempête (une) dans un verre d'eau, 131.

Trois entr'actes, 97.
Trois (les) quartiers, 84.
Turcaret, 142.

Ulysse, 118.
Univers (l') et la maison, 27.

Valérie, 83.
Verre (le) d'eau, 106.
Vers (un) de Virgile, 143.
Vieillesse (la) de Richelieu, 70.
Voltaire au foyer, 163.
Voyage (le) à Dieppe, 47.
Voyage (un) à Pontoise, 24, 119.
Vrai (le) club des femmes, 66.

Imprimerie Générale de Châtillon-sur-Seine. A. Pichat.

www.ingramcontent.com/pod-product-compliance
Lightning Source LLC
LaVergne TN
LVHW020948090426
835512LV00009B/1773